AF349622

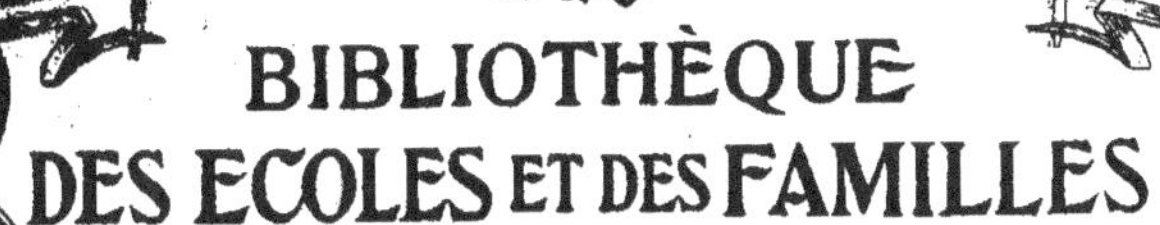

BIBLIOTHÈQUE DES ECOLES ET DES FAMILLES

ARSÈNE ALEXANDRE

LE CHIMPANZÉ

Comédie en un acte
à 4 personnages (3 garçons, 1 fille).

8 Yth
32415

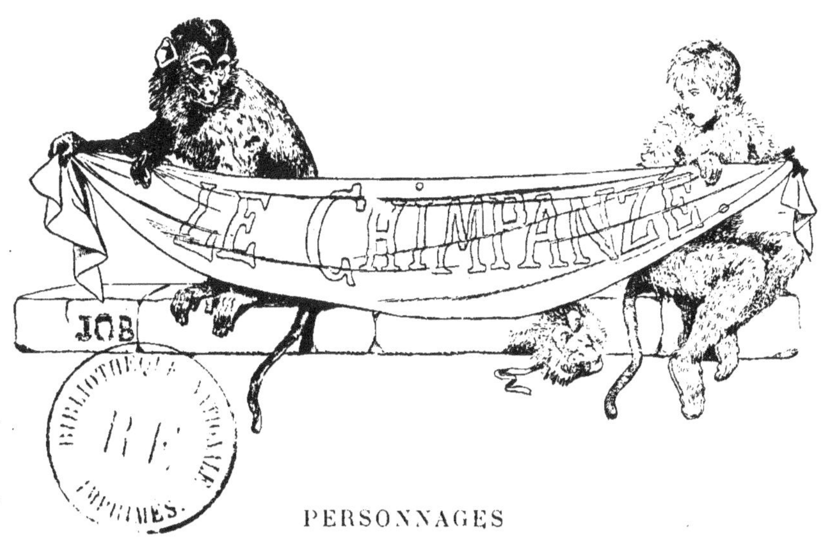

PERSONNAGES

M. DESFIOLES, savant naturaliste.
EDGAR, son neveu.

M. SCHMUTZINSKI, illustre savant étranger.
BABETTE, gouvernante de M Desfioles.

La scène se passe dans le cabinet de travail de M. Desfioles, table encombrée de papiers, grands fauteuils, cheminée ornée de gros coquillages, bibliothèque avec échelle, etc. Portes à droite et à gauche, Fenêtres au fond.

SCÈNE I

M. DESFIOLES, BABETTE.

M. DESFIOLES. — Babette! Voyons, Babette! Voilà vingt minutes que je vous appelle!

BABETTE. — Voilà! voilà! monsieur!

M. DESFIOLES — Vous lui avez donné à manger?

BABETTE. — A qui?

M. DESFIOLES. — Au chimpanzé?

BABETTE. — A votre chien pansé? Certainement que je lui ai donné à manger!

M. DESFIOLES (*effrayé*). — Mais pas trop, au moins?

BABETTE. — Oh! n'ayez pas peur! Elle finirait par nous ruiner, cette bête. Des grenades, du maïs, des oranges, des pastèques, des noix de coco....

1

Mais monsieur ne sait donc pas ce que ça coûte toutes ces choses-là? C'est vraiment malheureux de donner à manger toutes ces bonnes friandises à un gros vilain chien pansé qui....

M. DESFIOLES. — Chimpanzé! ignorante! Babette, apprenez que ce chimpanzé est une bête extraordinaire! Un singe comme il n'y en a pas deux dans l'univers. Il appartient à une race disparue, et je vais faire là-dessus un mémoire superbe!... Au surplus, je suis bien bon de vous expliquer tout cela.... Vous n'y comprenez rien ... Je vais me mettre au travail. Que personne ne me dérange! (*Il s'assied devant sa table.*)

BABETTE. — Bien, monsieur! (*On entend des sons de trompe dans la rue.*)

M. DESFIOLES (*tressautant*). — Qu'est-ce que c'est encore que cela?

BABETTE. — Mais monsieur sait bien que c'est aujourd'hui **Mardi-Gras!**

M. DESFIOLES. — Ah bien alors je vais être harcelé toute la matinée. Je ne pourrai pas écrire une ligne,... je vais donc faire un petit tour au Muséum. Que le déjeuner soit prêt pour midi,... un bon déjeuner. Je dois amener, pour lui montrer mon admirable chimpanzé, M. Schmutzinski....

BABETTE. — Dieu vous bénisse!

M. DESFIOLES. — Qu'est-ce que vous dites?

BABETTE. — Je dis : Dieu vous bénisse!

M. DESFIOLES. — Naturellement, que Dieu me bénisse. Mais pourquoi?

BABETTE. — Vous êtes enrhumé.

M. DESFIOLES. — Moi? Pas du tout.... Je dis donc que je viendrai voir le chimpanzé avec un illustre confrère étranger, M. Schmutzinski...

BABETTE. — A vos souhaits!

M. DESFIOLES. — Mais saprelotte! avez-vous fini? Je n'éternue pas plus que vous. Schmutzinski, c'est un nom comme le mien et le vôtre.

BABETTE. — Ah! bien non, par exemple. Un nom comme cela, il me semble qu'en le prononçant, si on peut, quand on n'est pas enrhumé, on le devient.

M. DESFIOLES. — Assez de réflexions, mademoiselle Babette, et faites comme j'ai dit.

BABETTE. — Oui, monsieur. (*M. Desfioles met son chapeau, ses gants, prend sa canne et sort,... fausse sortie.*)

M. DESFIOLES (*entrant*). — Prenez garde que la bête n'entre pas ici; elle pourrait s'échapper! (*Il va ouvrir une porte d'un cabinet voisin; c'est la porte de droite.*) Il est bien tranquille.... Il dort! Quel amour!

BABETTE. — Quelle horreur, oui! (*M. Desfioles la regarde sévèrement et s'en va par la porte de gauche.*)

SCÈNE II

BABETTE, *puis* EDGAR.

BABETTE (*seule*). — Là, voyons. Il faut que je range et que je nettoie un peu. Ces savants, plus il y a de la poussière, plus ils aiment cela! (*Elle frotte et nettoie les coquillages, range les sièges, etc.*) Là,... comme cela, quand ce M. Atchi! Atchi! viendra, ce sera à peu près présentable.

EDGAR. (*Grand collégien. Entrée tapageuse par la porte de gauche.*) — Bonjour! bonjour! Babette. (*Il lui saute au cou.*) Est-ce que mon oncle est là? Un jour de congé! Vive le Mardi-Gras! Où est-il, où est-il, mon oncle?

BABETTE. — Ah! Monsieur Edgar! En faites-vous du bruit! Nous ne sommes pas habitués à cela, nous, dans la maison,... surtout maintenant....

EDGAR. — Pourquoi : surtout maintenant?

BABETTE. — Parce que Monsieur se recueille, comme il dit, pour faire un grand travail avec un nouvel habitant d'ici

EDGAR. — Tiens! il y a un nouvel habitant ici? Qu'est-ce que c'est? Un sauvage?

BABETTE. — Ma foi, pas tout à fait, mais presque.

EDGAR. — Il a un anneau dans le nez? Il mange des lapins tout crus!

BABETTE. — Il n'a pas d'anneau et il mange des noix de coco. Ça ressemble à une espèce de petit homme. C'est un singe, quoi! Monsieur appelle ça un chien pansé.

EDGAR. — Un chimpanzé! Où est-il? Nous allons lui apprendre des grimaces!

BABETTE. — C'est plutôt lui qui vous en apprendrait. D'ailleurs, défense d'y toucher!

EDGAR. — Bah! Mon oncle ne le saura pas. (*Il entre dans le cabinet.*)

BABETTE. — Voulez-vous bien venir, monsieur Edgar! Vous me ferez gronder!

EDGAR (*de la pièce voisine*). — Mais n'aie donc pas peur! Ah! ce qu'il est drôle! Je vais lui chercher des carottes à la cuisine.

BABETTE. — Ne passez pas par l'autre porte! Monsieur Edgar! La fenêtre est ouverte! M'entendez-vous? (*Elle va pour entrer dans le cabinet voisin, mais elle pousse un grand cri.*) Trop tard! Voilà le chien pansé qui l'a suivi et qui a sauté par la fenêtre! Nous voilà jolis! (*Elle est atterrée.*)

EDGAR (*rentrant la mine déconfite, un bout de queue de singe à la main*). — Ce n'est pas ma faute!... Il a voulu me suivre.... Je l'ai retenu par la queue; mais il ne m'est resté que cela dans la main. Ces animaux-là, cela vous a une force!

BABETTE (*se tordant les mains*). — Qu'est-ce que nous allons faire? C'est votre oncle qui sera content! Moi d'abord, c'est clair, j'ai mon congé. Quant à vous, si vous sortez désormais de toute l'année.... Et votre oncle qui va arriver avec un grand savant pour lui montrer la bête!

EDGAR. — Le fait est que c'est grave!

BABETTE. — Il est loin à cette heure. Comment le rattraper? (*ils vont à la fenêtre.*) Tenez, le voyez-vous, là-bas, sur les toits? En fait-il des cabrioles! Et tout ce monde dans la rue. Ils rient, eux! (*On entend le son des trompes.*) Et ces imbéciles de masques avec leurs trompes! Ça leur est égal qu'il y ait des gens dans la peine! Ah!

EDGAR (*se frappant le front subitement*). — J'ai une idée! N'ajoute pas un mot, Babette! C'est vrai, c'est Mardi Gras aujourd'hui.... Je sors un instant....

BABETTE. — Vous me laissez seule avec les ennuis!

EDGAR. — Et je reviens dans dix minutes. Si mon oncle arrivait avant moi, fais-le patienter sous n'importe quel prétexte, jusqu'à ce que tu entendes gratter à la porte de ce cabinet. Tu comprends bien, n'est-ce pas? (*Il sort en courant.*)

SCÈNE III

BABETTE, *puis* **M. DESFIOLES** *et* **M. SCHMUTZINSKI.**

BABETTE. — C'est égal, il a beau dire, ce jeune fou! je ne suis vraiment pas tranquille! (*Coup de sonnette.*) Oh! aïe, aïe! C'est Monsieur, je n'ose pas ouvrir! Je ne sais pas où me fourrer. (*La sonnette s'impatiente.*) Je tremble

de tout mon corps! (*Nouveaux coups de sonnette. Babette va ouvrir par la porte de gauche, et revient presque aussitôt, suivant M. Desfioles et M. Schmutzinski.*)

M. DESFIOLES. — Enfin, Babette, vous êtes folle de nous faire attendre comme cela!

BABETTE. — Je vous demande pardon, monsieur! Je n'entendais pas. Ce sont les masques.

M. DESFIOLES. — Quoi. les masques?

BABETTE. — Qui faisaient tant de bruit dans la rue. J'en suis tout assourdie.

M. DESFIOLES. — Je ne sais pas pourquoi il y avait tant de monde autour de la maison. Il y a donc des masques aussi à l'appartement au-dessus? Tout ce monde regardait en l'air...

BABETTE (*vivement*). — Oui, oui, monsieur. C'étaie·'t encore les masques!

M. DESFIOLES (*à M. Schmutzinski*). — Bah! laissons là les masques, mon cher confrère, et soyons tout à la science. Vous allez voir cette admirable bête!

M. SCHMUTZINSKI. — Oui, je vous en prie, mon cher confrère; montrez-moi cet animal curieux que j'ai si grande hâte de pouvoir examiner!

BABETTE. — Monsieur Schmitz, Schumtz, atchi! va bien prendre une tasse de chocolat avant de....

M. DESFIOLES. — Non, non. Après, après!

BABETTE. — Il est si bon mon chocolat! Je l'ai fait exprès pour votre ami.

M. DESFIOLES (*se dirigeant vers la porte du cabinet*). — Eh, laissez-nous! La science avant tout.

BABETTE. — Mais vous voyez bien que monsieur est tout essoufflé d'avoir monté les quatre étages. Laissez-le s'asseoir un peu. (*M. Schmutzinski fait un signe de protestation.*)

M. DESFIOLES. — Ah çà! Babette, êtes-vous malade? Je commence à trouver que....

BABETTE. — Monsieur..., parlons encore des masques.

M. DESFIOLES *fait signe à M. Schmutzinski, en se touchant le front et en hochant la tête, que Babette n'est pas dans son bon sens.*

M. SCHMUTZINSKI *fait le même signe; tous deux hochent tristement la tête.*

M. DESFIOLES. — Allons voir le chimpanzé.

BABETTE. — Ah! monsieur! qu'est-ce que vous avez donc dans le dos? Et vous aussi, monsieur Sch... atchi! Ce sont les masques, pour sûr!

M. DESFIOLES. — Encore les masques! (*Il regarde le dos de M. Schmutzinski; M. Schmutzinski regarde le dos de M. Desfioles. Il n'y a absolument rien. Au moment où M. Desfioles, courroucé, va chasser Babette, on entend gratter à la porte du cabinet.*)

BABETTE. — Pardon, Monsieur, je m'étais trompée.

M. DESFIOLES. — C'est bon. Je vous pardonne à cause du carnaval. Le chimpanzé gratte à la porte.... Il est impatient de vous voir, cher confrère. (*Il va ouvrir.*)

SCÈNE IV

LES MÊMES, EDGAR.

(*Edgar est déguisé en singe de carnaval, masque de carton, maillot velu, longue queue. Il entre en cabriolant, faisant le saut périlleux, sautant sur les tables, etc. Cri de surprise de Babette, signe d'intelligence d'Edgar et scène muette entre eux deux.*)

M. DESFIOLES. — Puisqu'il est entré, nous allons l'examiner ici. Laissez-nous, Babette.

BABETTE. — Oh! Monsieur! Permettez-moi d'écouter vos explications. Je serai là, dans un coin; je ne dirai rien. C'est si beau la science!

M. DESFIOLES. — Vous pouvez rester, pour cette parole. (*A M. Schmutzinski.*) Voyez-vous, mon cher confrère, les caractères curieux dont je vous ai parlé.... Ces poils courts....

M. SCHMUTZINSKI. — Mais je les trouve excessivement longs!

M. DESFIOLES (*regardant interloqué*). — Mais.... Tiens!... Comment?... C'est pourtant vrai! Je n'y comprends absolument rien.

M. SCHMUTZINSKI. — Moi non plus!

BABETTE. — Les cheveux poussent si vite en cette saison-ci, monsieur! Ma grand'mère me le disait toujours.

M. SCHMUTZINSKI. — Voilà une réflexion étrange!

M. DESFIOLES (*gravement*). — Cette explication me paraît en effet bien naïve.... Je croirais plutôt à une maladie particulière.... J'étudierai cela de plus près.... En tout cas, mon cher confrère, regardez maintenant ce museau bleu et rouge sur lequel je voulais appeler votre attention. C'est encore un caractère....

M. SCHMUTZINSKI. — Mais le museau est jaune et noir.

M. DESFIOLES. — Ah çà!... Mais vraiment.... Allons, voyons! Tiens.... Ah! par exemple!... Voilà qui est vraiment surprenant!

BABETTE (*vivement*). — C'est les noix de coco, monsieur! Je vous l'avais bien dit. Ma grand'mère me répétait toujours, quand j'étais petite, que si j'avais un chien pansé, il ne faudrait jamais lui donner des noix de coco.

M. SCHMUTZINSKI (*à part*). — De plus en plus étrange!

M. DESFIOLES. — Ah! vous nous assommez avec votre grand'mère.... Si vous parlez encore, je vous prierai de sortir. Il faut que je regarde de plus près. (*Il veut s'approcher du chimpanzé. Edgar pousse des cris aigus, met ses griffes en avant comme pour lui arracher les yeux et fait rapidement craquer sa mâchoire.*)

M. SCHMUTZINSKI. — Il est féroce!

M. DESFIOLES (*reculant effrayé*). — Je ne l'ai jamais vu comme cela!

M. SCHMUTZINSKI. — Je connais bien ces bêtes-là.... Je vais lui parler. (*Il s'approche et regarde attentivement Edgar. Le chimpanzé imite tous ses mouvements. M. Schmutzinski le lorgne : Edgar saisit une loupe et le lorgne aussi. Le savant prend une note sur son calepin : Edgard empoigne un crayon et un bout de papier et écrit aussi. Puis, tout d'un coup, comme on entend du bruit dans la rue, il fait un saut du côté de la fenêtre et regarde. Il se frotte les mains et saute du côté de Babette.)*

EDGAR (*bas à Babette*). — Babette, ça va bien !

BABETTE (*de même*). — Je ne trouve pas.

EDGAR (*vite et bas*). — Mais si, mais si.... On a rattrapé la bête. J'avais prévenu le commissionnaire d'en bas. Il l'apporte.... Je viens de le voir....

M. SCHMUTZINSKI. — Il a l'air d'avoir de l'affection pour votre gouvernante.

M. DESFIOLES. — C'est elle qui le soigne.

M. SCHMUTZINSKI. — Je vais prendre une note sur ce trait de caractère.... (*il écrit.*) L'attachement chez les chimpanzés. (*Edgard, continuant à contre-faire ses mouvements, écrit aussi.*)

M. DESFIOLES. — Voyez-vous aussi quel remarquable instinct d'imitation?

M. SCHMUTZINSKI. — Je serais curieux de savoir à quoi ressemble ce qu'il trace.

M. DESFIOLES. — Tâchons de lui prendre son papier. (*Ils vont pour le prendre. Edgar feint de se fâcher et leur jette des livres, des crayons, des cahiers, etc.*).

M. SCHMUTZINSKI. — Il n'est pas commode; agissons de ruse. Faisons sem-blant d'échanger des papiers. Il nous imitera. (*Jeu de scène; échange de papiers entre les deux savants, puis entre M. Schmutzinski et Edgar.*)

M. DESFIOLES. — Bravo, mon cher confrère, c'est très ingénieux. Je met-trai cela dans mon grand ouvrage!

M. SCHMUTZINSKI (*manquant de tomber à la renverse*). — C'est à devenir fou. Écoutez ce qu'il a écrit, en bon français, votre chimpanzé. (*Il lit.*) « Hon-neur et gloire à M. Schmutzinski, l'illustre savant polonais, et à toute sa charmante famille! » (*Pendant qu'il lit. Edgar se gratte de toutes ses forces.*)

M. DESFIOLES. — Décidément je n'y comprends plus rien.... (*Coup de son-nette. Babette va ouvrir et revient en grande agitation.*)

BABETTE. — Monsieur! Monsieur! on ramène le chien pansé

M. DESFIOLES. — Comment? Quoi? Le chimpanzé? Mais? (*Il désigne du doigt Edgar.*) Et ceci?...

EDGAR (*ôtant brusquement sa tête de carton et sautant au cou de M. Desfioles*). — Bonjour, mon oncle!

M. DESFIOLES. — Que veut dire?...

EDGAR. — C'est le carnaval, mon oncle! C'est le Mardi-Gras!

M. DESFIOLES (*à M. Schmutzinski*). — Les jeunes gens d'aujourd'hui ne respectent plus rien! (*On entend des cris joyeux dans la rue; Babette et Edgar se précipitent à la fenêtre.*)

(RIDEAU)

1254-05. — Coulommiers. Imp. PAUL BRODARD. — 9-06.

BIBLIOTHÈQUE DES ÉCOLES ET DES FAMILLES
Illustrée de nombreuses gravures

DOUZIÈME SÉRIE
IMPRIMÉE EN GROS CARACTÈRES

A. *Albums avec gravures en couleurs grand in-8 (23 × 16)*

Cartonnage, couverture en couleurs .... 40 c.

Cartonnage rouge et or .... 50 c.

COMÉDIES ENFANTINES

Alexandre (A.) : Le Chimpanzé (1 acte, 4 personnages).
Jacquin (J.) : Le Dîner de Pierrot (1 acte, 4 personnages).
Merlin (J.) : La Tirelire (1 acte, 4 personnages).
Pottier : Les Lapins de Nicaise (1 acte, 5 personnages).

Alexandre (A.) : La Voiture aux Chèvres.
— Le Chimpanzé.
Bailly : Bertrandon, Jacques le Flock.
Bellaigue (Mme de) : Joie! Déception!
Borius : M. le Baron.
Brasseur : Le Soulier de Jacquot.
Contreras (G. de) : Les Deux Jongleurs.
Dombre : Les Confitures de tante Anne.
— Le Page Otto.
Guy : Une Fameuse Journée.
Jacquin : Tambour battant!

Lescot (Mme) : Par la fenêtre.
Malassez : La Petite Marchande de marrons.
Marbel (Jean) : Le Rôtisseur et la Perle.
Mélandri : Un Bal masqué.
Merlin : La Tire lire.
Moret : Une Dînette mouvementée.
Ouida . Mouflon.
Peltier : Ma Première Cause.
— Le Pont d'Ambérieu.
Rémond (Marie) : La Cruche.
Xanrof : La Vocation du petit Paul.

B. *Albums avec gravures en noir, in-8 (23 × 14).*

Cartonnage, couverture en couleurs .... 30 c.

Cartonnage rouge et or .... 35 c.

D'Avezan : Les Dix Sous de Pascal.
— Je veux faire comme papa.
— Les Quatre présents de l'enchanteur.
Brès : Le Panier d'œufs d'Yvonne.
— Pouf.
— Blanchefleur.
— Le Petit Glaneur.
Burnand : Ce que je serai.
Girardin (J.) : J'aime mieux retourner à l'école.
Manuel : Histoire de mon alphabet.
Marbel (Jean) : Une girafe qui s'emballe.
- Un Monsieur très pressé.

Massanes : La Peur de Jacques.
Masson (J.) : Les exploits de chasse de J.-L. Guillon.
Pontsevrez : Le Couteau de Jean-Pierre.
Souriau : Les Aventures de Mistigri.
Tom-Typ : Bob et Lili apprennent la géographie.
— Bob et Lili apprennent l'histoire de France.
  1re Partie. — Mon pays autrefois.
  2e Partie. — Mon pays aujourd'hui.
— Bob et Lili apprennent l'histoire des bêtes.
— Bob et Lili apprennent l'histoire du blé.
— Les Malheurs de Jeannette.

Coulommiers. Imp. PAUL BRODARD. — 8-1906.

www.ingramcontent.com/pod-product-compliance
Lightning Source LLC
LaVergne TN
LVHW010917180726
843502LV00010B/4185